BARNDOMSMINNEN
FRÅN VÄSTERBOTTEN

Sonja Söderberg-Sandström

Illustration: Siv Söderberg
Sättning: Harry Sandström
Form och original: Magnus Sandström
Omslagsfoto: Stefan Holm

Förlag: BoD – Books on Demand, Stockholm, Sverige
Tryck: BoD – Books on Demand, Norderstedt, Tyskland

ISBN: 9789177856368

FÖRORD

Sonja föddes 1931 och växte upp i Hörnefors i södra Västerbotten.
Vid 23 års ålder gifte hon sig med Harry och som ICA-handlare ägde
och drev de sin egen ICA-butik. Hon förverkligade sin tonårsdröm
att utbilda sig till förskollärare när hon var 45 år, som detta arbetade
hon med stort engagemang och förtjusning till pensionering 1997.

Redan som barn upptäcktes hennes begåvning att dikta och skriva på
rim, en talang som följt henne genom hela livet. Otaliga är de dikter,
visor och andra alster som hon producerat under sitt långa liv.

Såväl språkligt, som kulturellt, präglades dikterna av andra världs-
kriget, en dyster tid i vår historia. Även om vi undgick krigets fasor,
så var "neutrala" Sverige och Norrlandskusten flitigt besökta av tyska
bombplan som girade över Kvarken för att släppa sin dödsbringande
last i vårt grannland Finland. Ute i Kvarken låg ryska ubåtar och
lurade på de tyska malmbåtarna, på väg från Luleå. Att 1930-talets
barn och föräldrar påverkades av alla rykten och krigsrubriker syns i
en hel del av Sonjas diktande.

I början av 1900-talet befolkades Hörnefors till stor del av inflyttade
personer från olika delar av vårt land, alla sökte dem lyckan i det växande
fabrikssamhället. Sonja kallar deras dialekt för vardagsspråk.

Hoppas att Du som läsare kan finna glädje och igenkännande i hennes
sätt att uttrycka sina barndomsminnen. Håll tillgodo och smaka på
känslan från en som var barn på den tiden.

MINNETS GÖMMA

Nu vill jag öppna minnets gömma
än en gång på glänt,
en tanke i den tid jag sänt.
Då stannar tiden upp ett tag
vi ser tillbaka Du och jag,
till en gemensam skatt vi har,
ett stycke liv som var...

KOM MED EN STUND

Kom bli med mig en stund
jag, ett trettiotalsbarn,
drick en klunk ur minnenas skopa,
minnena flyga omkring oss som flarn,
jag har samlat några tillhopa.

Kom, sitt här bredvid mej
på våran bro,
jag har en gemenskapens tröja,
i den rymmer vi också dej
kan jag tro.
Blir vi många, så går den att töja.

Vi delade glädje,
vi delade gråt,
vi trettiotalsbarn
i början av livet.
Nu ska vi titta en stund ditåt,
går Du med mej?
Det tar jag för givet...

LJUDFILMEN

Den 17 januari 1931
kom ljudfilmen och ja'
den första ljudfilm
som man gett.
Men barnmorskan var inte gla',
hon vill ju se filmen
med både tal och sång.
En nyfödd liten unge
hon sett så mången gång.
Men hon fick lämna bion
mitt i ett kärleksdrama,
att hon var ganska missnöjd,
man måste ju förstå na'.
Hon måste hem till oss
jag ville komma ut,
när hon var klar,
så var förstås
filmen redan slut.

SLADDBARN

Jag kom på sladden
som det hette,
trots syskon
ensambarn ändå.
Hos oss det pratades
ej mycke,
var jämt för liten
att förstå.
Att vara frågvis
var ett skällsord,
man fick höra
tills man teg.
Så här i efterhand
jag sörjer
att jag inte frågat mer.

SVARTSJUKA

När jag senkommet sladdbarn
i våran familj
förevisades för grannarsmor
var denna tants beundran stor.
Men sonen som hon med sig hade
log föraktfullt och sade.
Stor öga och krokigt hår
ser jag nog att hon fick,
men jag ska släng a´neri golve
så hårt att magan sprick.

PIANO

Säj piano, piano
min storasyster bad.
Säj piano, piano
vi har slagit vad.
Om Du säjer piano
som ditt första ord,
vi får ett piano,
vår lycka är gjord !
Säj piano, piano
säj det nu med detsamma.
Men dum som jag var
sa jag allra först
m a m m a.

TIDIGT I LIVET

Tidigt i livet
fick jag lära känna havet.
Dess väldiga storhet,
vidden och bredden och djupet.
Det glittrade och drog,
vackert och förföriskt.
Men kunde också
öppna sin väldiga famn
och för alltid behålla den,
som inte orkade hålla sig uppe
länge nog...

Vaknade ofta
svettig
efter våta falldrömmar.

STIGEN

Stigen mot havet
finns inte mer,
nu finns den
bara i minnet.
Fötterna minns
och dofterna finns,
havet är sig likt på ytan...

VID HAVET

Havet fanns inpå oss
vi sov till havets sång,
omsluten...
natt och dag,
av blåaste blått
eller gråaste grått.
Alltid speglande
himmelens kupa.
Havet, en del av livet,
en del av oss...

BADVIKEN

Vi miste vår badvik
för utsläppens skull.
Vi miste vår badvik
av skit blev den full.
Vi miste vår badvik
med hällar och sand,
fick en annan
med stenig botten och strand.
Vi miste vår badvik,
den nya var kass.
Vi miste vår badvik
för ingenjörernas innedass.

DOCKVAGNEN

Jag hade en dockvagn
jag ärvt av min syster,
den var inte ny
och modern.
Vagnen i korg
med sirliga handtag,
hjulen var höga
med ekrar av stål.

Jag önskade mej
en rödmålad trävagn,
med hjul av trä
och utan suflett.
När jag fick en sådan
då slängdes den gamla.
Nu saknar jag den,
på nåt sätt.

MINNESFRAGMENT

Mattias med sitt blida skägg
gav bollsparksstart bak "fyrans" vägg.
Grönlund kom och tjära taken,
cykeln fram och tunnbrödsbaken.
Dockkalas i syrenbersån,
kan du vissla Johanna på vevgrammofon.
Midsommarfest och tomtebrus,
en ängel går omkring vårt hus.
Säg minnes Du psalmen till orgeltramp
arbetarungar och herrskapspamp.
Kurragömma, brännboll och hartsfiol,
samma lekar i år som i fjol.
Bada i havet och leka på strann,
en Nutria hade vi också minsann.
Teater på vindar, i vedbod och skjul.
Valborgsmässobrasa, Lucia och Jul.
Buss som går med gengas och Lilli Marlen,
riksmarschen gick vi
som en hyllning till armén.
Svarta gardiner, krigstid och höst,
Hitler i radion, kvällsbön till tröst.
Men höst blev till vår
och krig blev till fred,
ett underbart minne att sluta med.

GÅRDSMUSIK

Gårdsmusikanten med buller och bång,
spred över gatan, musik och sång.
Inte blev han väl fet på de slantar han fick,
men från gård till gård
han med dragspelet gick.

I bland kom en gubbe, med positiv
han veva och sjöng, ja bevars vilket liv.
Han hade att sälja oss, ”små lyckobrev”
där kunde man läsa, hur framtiden blev.

Det kvillra i magen och lyckan var stor,
när jag lämnade slanten, jag fått utav mor.
Ett rosa kuvert, med ring inuti,
å ett kort där det stod
hur mitt liv skulle bli.

Jag minns hur vi ungar, satt i en ring,
läste och drömde om fantastiska ting.
Tyvärr kan i dag, jag ej minnas ett ord
av det, som i ”lyckobrevet” mitt stod.

RÖKPAUS

Ta dej en "pip"
sa jag till pappa,
när han var hemma
på frukost ett tag.
Då gick han till soffan
å tände sin pipa,
vi gjorde oss redo
att leka ett tag.
Då fick jag rida
på pappas knä,
och gunga så högt på hans fot.
Då sjöng vi tillsammans
glada små visor
som vuxna och barn
förr ofta gjort.

JAG FASCINERAS

Jag fascineras ännu
av havet, dess majestätiska
oändlighet...
Men jag vill
beundra,
på betryggande avstånd.
Närkontakten
får ännu
barndomens
ångestframkallande
sjögubbe
att girigt
gripa efter min kropp,
med sina starka
våtslemmiga armar.
För att försöka
bottna mej.

MIDSOMMAR

Tomtebruset susade och hoppade i glasen
och liljekonvaljerna stod doftande i vasen.
Pyntat och fint var vårat midsommartält
som vi framför 4:an på gräsmattan ställt.
Dragspelsmusik hörs från ingenjörns viken,
vi fick inte vara med och var lite besviken.
Vi arbetarungar, fick klara oss ändå
och en trattgrammmofon, vi fått att lyssna på.
Vi vevade med veven, i midnattssolens sken,
fram tona Svarte Rudolf med lurviga bruna ben.
Och "Gå hem och lägg dig Svensson"
på din gamla ottoman, om du inte rör på skinkan
får du följa med på finkan. Ja de var visor de
för oss trettitalsbarn att lyssna te´.
Vid midnatt var det dags för midsommardoppet,
längst ut från bryggan vi skulle göra hoppet.
Det isade i kroppen och tänderna dom skaka
när frysande vi kom, till vårat tält tillbaka.
Då ville alla snabbt i bädden krypa ne´
och sova på sju blomster, att vår drömprins se.
Men jag drömde aldrig några drömmar då,
jag tänkte att som ungmö
får jag nog genom livet gå.

JAG SLADDBARNET

Liten och mager och blek, tycker mor
ät lilla vän, så du stark blir och stor.
Storebror, tyckte på samma vis,
tar hem fiskleverolja, litervis.
Storasyster matar, så liten ska bli stor,
ger en sked för far och en sked för mor.
Min andra syster skriver brev till lilla mej,
morötter och sallad och frukt är bra för dej.
Broder Bertil skojar med lillasyster sin,
mej skrattet får att gapa och han stoppar in.
Men lillasyster gillar ej mat och vitamin
dock har hon blivit lika stor,
som bror och syster sin.

FÖRSTORINGSGLAS

Jag tror att minnet lagt ett förstoringsglas
just över barndomsåren.
Man minns varje småsak så intensivt
minns ännu väl hallonsnåren,
som rev ett barfotabarn där hon gick
stigen mot havet och stranden.
Minns ännu buskar som skyla oss fick,
när till baddräkt, vi bytte vid stranden.
Känner än lukten, som var det i går
av saltstänkta klippor och nässelsnår,
känner än barren som stacks under foten,
minns ännu blomman
som drogs upp med roten.
En fruktansvärd blomma, tyckte jag då,
drog insekter till sig med doften, och så
slöt sig blomman och djuret försvann,
den drog jag upp, från vår fridfulla strann´.
Än i dag berörs mitt sinne,
illa vid detta minne.
Men det mesta från barndomens ängder
känns skönt, vattnet så varmt
och gräset så grönt.

...

...

Men jag tror att vårt minne,
en frihet sig tar
förgyller en smula det vackra som var.
Det som var tråkigt, tror jag till slut,
minnet vill närapå helt sudda ut.

BADHUSET

Varmbadhusets heta rostdoftande ångor
minns mina näsborrar än.
De slog emot oss arbetarbarn
när vi kom dit,
för att få oss ett riktigt bad.
Fuktigt trä, såpa, tvål,
rykande hett vatten
forsade härligt slösande ner
i det rostfärgade badkaret.
Lyckliga delade vi badet
två och två.
Luften tätnade av ånga
och doftade skönt.
Det var före simbasängernas
och bubbelpolernas
klorerade tid.

HÅRKNUTEN

Mamma löste hårknuten,
med snabba händer
öppnas långflätan
nerifrån och upp.
Lät med en skakning
håret flyta ut över ryggen,
så ville jag att hon alltid
skulle ha det.
Men hårsvallet slängdes
vårdslöst framåt ner mot golvet.
Grovkammens rytmiska rörelse
lät som pisksnärtar i rummet.
Så en knyck på nacken,
hårmanen låg åter på ryggen.
Snabba fingrar samlar åter
tillhopa i stram fläta.
Med klirrande ljud
drogs hårnålarna ur munnen,
där de suttit under kamningen.
Snabbt förvandlades flätan åter till knut,
som anständigheten krävde.

LÖSSEN

Mamma skrämde nästan slag på mej,
innan hon gick,
jag såg paniken skymta i hennes blick.
Sitt här i köket, sa hon med skärpa i rösten,
innan hon ficklampsförsedd
gick ut i mörkläggningshösten.
Jag grät och var rädd för mörker och krig,
att pappa skulle dö och mamma lämna mig.
När hon äntligen kom tillbaka
fick jag veta vad det var,
varför hon hade varit borta.
En "luskamm" i triumf hon bar.
Köksgolvet täcktes med tidningar
som lössen skulle falla på,
lillstolen sattes på mitten
den skulle jag sitta på.
Den omständiga proceduren på allvar sattes in,
med sabadillätikstvätt
och finkamning genom hårmanen min.
Mamma hade hört att det fanns
skolbarn som fått löss någonstans,
visserligen Ungerska löss, men ändå
det ville hon inte att vi skulle få.

...

...

Besvikelsen för mej var lika stor,
som lättnaden för mor,
när kamningen ej gav nåt resultat,
då kände jag mej besviken så klart.
Jag skulle gärna velat se,
det djur som ställt till sån uppståndelse.

FLUGFÅNGAREN

Jag minns än med en rysning
den förädiska dödsfällan,
som om sommaren fanns i vårt kök.
När jag klaga för pappa
blev hans svar en fnysning,
men mor mej över håret strök.
En klibbig pappersremsa
hängde från taket ner,
och i den söta klisterfällan
fastnade flugorna, fler och fler.
Jag såg flugornas hopplösa kamp,
hörde vingarnas förtvivlade surr ...
Jag skämdes för människans
falskhets skull,
och vände mig bort för att slippa se.
Och jag hade svårt
att min kvällsbön be.

BÄDDNINGSPROCEDUR

Mor bäddade varje morgon
vår Imperialsäng på höjden,
med samma omsorg
som en skulptris arbetar
för att forma ett konstverk.
Först spiralmadrassen
sen dynorna där ovanpå,
ett täcke skulle vikas si
ett annat skulle vikas så.
Så filtarna varannan
som veks i tre och två.
Tills dess hon rätta höjden fått
då återstod det blott
en finslipning utav skulpturen
och överkastet lades på
med exakthetens mått.
Så beskådas verket
och befanns vara gott.
Men varje kväll, skulpturen
förstörs på nytt igen,
och blir till något annat,
en helt vanlig dubbelsäng.
Men varje morgon ny som grytt,
skulpteras den igen på nytt.

TVÄTTSTUGEDAG

Mamma kom hem i kvällningen
genomblöt och trött,
sedan hon i tvättstugan
våra smutskläder
skrubbat och stött.
Hon gnuggade sina händer
rent såriga till slut,
av tvättbrädan och vattnet
som var starkt av lut.
Genomblöt på magen,
allting vreds för hand,
nog borde det va` karajobb
det tänkte jag ibland.
Hon var trött i armarna
av alla tunga kläder,
som kokades i grytor
och till eld behövdes bräder.
När hon kom hem om kvällen
fick pappa stövlarna dra av,
det orkade hon inte själv
efter sin långa arbetsdag.
Men mor mindes sämre tider
i sin ungdom då,
när allting tvättades i havet
och dom i isvatten fick stå.

Pappa Magnus
Mamma Lina
Sonja (sladdbarnet)
Storasyster Gunborg

TÄCKSTOLEN

Täckstolen tog upp
nästan hela rummet
när den ställdes upp
mitt på golvet i kammarn.
Där skulle den stå
i många dagar
och bli en bra koja
att leka inunder.
Tryggt att ha någon vuxen
så nära intill,
när täcket jobbades fram
dag efter dag.
Först skulle undertyget spännas,
så lades vadden ovanpå
och sedan översidans tyg
som nya täcket skulle få.
Så mättes det och kritades
med millimetermått,
tills alla rutorna på täcket
man lika stora fått.
Sen skulle dessa rutor sys,
varenda styng för hand,
det var på den tiden då ordet stress
var okänt i vårt land.

TITTÄGGET

Tittägget kom från Amerika
i vit och rosa sockerkristyr,
stod på vår byrå, så frestande
dit mina steg jag då ofta styr.
Man kunde se genom glaset
ett vackert landskapsmotiv,
det hade en doft av Amerika
från ett annat och rikare liv.
Gottsugen flickunge tog då och då
allt oftare vägen förbi.
Tog en slick
varje gång, och så...
resultatet till slut
bara ett kunde bli.
I tusen bitar, tittägget låg
och jag med förfäran
på förödelsen såg.

Sötsmaken satt länge kvar
som skamkänslor
i min tunga...

KAMMARKLOCKAN

Vår gamla kammarklocka
som mätt vår tid,
dag efter dag
år efter år,
punktligt och troget.
Den hade blivit ratad,
ersatt av guldglänsande
förnämt tickande pendyl.

Mina protester
ljöd för döva öron.

MUNICIPALSAMHÄLLE

Det fanns inga bönder
som bodde nära oss,
vi såg inte ofta nån´ ko.
Men ibland fick jag gå
för att köpa grädde,
då såg dom beta i ro.

Då neg jag för tanten
och lämnade slanten
och hon separatorn slog på.
Den delade mjölken
inför mina ögon
det hade jag svårt att förstå.

Men allt kom på rätt plats
och grädden på sitt ställe,
som i vårt klassindelade
municipalsamhälle.

FÖRSTA MAJ

Första maj-tåget gick
med vajande fanor,
i taktfast marsch
till musik.
Upp till kamp
emot kvalen
sista striden det är...

Mina öron hörde,
mina ögon häpnade,
mitt hjärta svällde.
Jag var imponerad,
ja, fascinerad !
Då, bestämde jag mej,
jag skulle bli
förstamajtalare
när jag blev stor.
Gå där närmast fanorna
och hålla tal,
till allt folket...

Ack, ja...

*Vid 85-års ålder blev Sonja tillfrågad om att hålla vårtal vid brasan på Vitberget.
Naturligtvis gjorde hon det bra, och på sitt sätt, på rim.*

VÅRLUKTA

Över "Gatan" spred sej
en härlig doft av vår...
Det gick inte alls
å ta miste på saken,
farbro Grönlund var ute
å tjärade taken.

DOFTMINNEN

Än kan jag minnas min barndoms lukter,
den tid då träden bär blom, ej frukter.
Den tid då havsvinden kunde bära,
en doft av salt och båt och tjära.
Men kom man nära potatislanden
för näsan satte man gärna handen,
man vid slaskhuset gick en krok
den sommardoften var rent på tok!
Det lukta syra, sulfit och bark,
sulfatfabrikslukten var rätt stark.
Ja, tusen dofter mitt minne rymmer
och alla är ej precis parfymer,
men dock min barndom de hörde till
och ingen enda jag mista vill.

DASSET

Utedasset önskar man inte tillbaka
saknar det inte precis.
Fast det var något visst
att få dörren haka,
det känndes bra på på nåt vis,
att sitta där inne och filosofera,
se i Åhlens-priskuranten, med flera.
Drömma att äga de kostbara ting,
som gömdes i blad efter blad,
drömmarna kostade ju ingenting,
man bara satt där och kände sig glad.
Tills någon hårt i dörren ryckte
och lyckodrömmen knyckte.
Tillbaka var den dassiga verkligheten
och luften som förr, ganska sketen.

UTEDASSET

Utedasset önskar man inte tillbaka,
fast det borde man kanske ändå.
Med tanke på naturen och så.
Nu är ju marken förgiftad och tom
så vår föda den måste få vända om,
och återgå till jorden igen,
som det var tänkt i begynnelsen.
Vår skapare hade som vanligt rätt.
Han hade ej tänkt sej nån vattenklosett.

Snart finns inte rent vatten
längre att få,
så kanske att vi
måste börja förstå.
Utedasset önskar man inte tillbaka,
men det borde man kanske ändå.

VINTERDASSET

Till utedasset
gck man inte gärna om vintern,
man "höll så" länge dä gick.
Men till slut, ut i snön och kylan
man ändå bege sig fick.
Att sätta sig ner där så naken
med iskalla kanten mot baken,
det var inte roligt minsann
men sånt måste göras iblann.
På vinterdassväggen,
där bångne porträtta
så Gustaf den femte,
rent tjockmagan fick
och ganska skumögd
var kungens blick.
Gulrostigt skrynklig var Gary Granth
som klistrats upp av nån filmgalen tant.
Å dassaberge växt, å kallblåsten drog,
då ett priskurantblad i händren man tog.
Å skrynkle ihop ä, så mycke hä gick,
å så kalla baken en torkning sä fick.

FRAMTIDSDASSET

Ja, utedasset var ogästvänligt
alldeles särskilt om vintern,
till det vill vi helst
inte helt, återgå.
Men nu, med den fina
el-tekniken,
man kunde väl infravärme
där få.
Som lyste och värmde
skönt över baken,
så kändes man inte
så frusen och naken.
Och solarium kanske,
det vore väl härligt
och gjorde besöket på dass,
rent begärligt.
Men utedass inne,
vi får nog till slut.
Så är bekymret
med utedass slut.

SLASKHUSET

Innanför slaskhusets dörr
levde de grå råttorna sitt liv.
Man bultade hårt på dörren,
sparkade på dörrkarmen,
stampade på brostocken,
för att ge dom chansen att försvinna,
innan man öppnade
den gnällande dörren.
Höll andan, för luktens skull
tömde snabbt hinkens innehåll
ner i råttornas boning.
Deras gula ögon lyste i dunklet.

SULFITFABRIKEN

Hela vårt samhälle
doftomslutet av din närhet.
Alla beroende av dej
på något sätt.
Din hesa sirenröst ljöd
och fick människor att
gå eller komma,
på din order.
Alla beroende av dej.
Männen dom slet
i sitt anletes svett,
på olika håll i fabriken.
Kokeriet, gjuteriet, syrahuset,
träverkstan, järnverkstan,
barktrumman, ja överallt...
dygnet runt, slog fabrikspulsen.
Allt beroende på dej.
Kvinnorna på pappersbruket,
sorterade, räknade ark efter ark,
med skavda fingrar
och ömmande ryggar
band dom sina ris, på ackord.

                                    ...

...

Skvaller och skratt,
frukost och kafferast
gjorde kamratskapen god.
Förenade alla de
beroende av dej.

MILJÖBEKYMMER PÅ 30-TALET

Jag minns att jag sa till pappa
hur tror Du det blir till slut,
med vatten och luften Du pappa,
av all lort som fabriken spyr ut.
När massan sig lagrar i bankar
så vattnet blir till torra land,
av syran från syrahustankar
man kan inte andas ibland.
Hur tror Du det ska gå för fisken
och vattnet att klara det här,
hur länge kan Du va' en frisk en,
se på träden så bruna dom är.

Jag minns att han log då pappa
sa, Du är för liten att fatta sånt här,
förstrött han på kinden mej klappa
sa att havet och luften oändliga är.

TITTLARN´

Tullen
Trädgårdsmästarn
å Privatchaufförn
Järnarbetarn´
Gjutarn
å Överingenjörn
Verkmästarn
å Kokarn
Faktorn
å Kassörn´
Svetsarn
å Snickarn
å Spritkontrollörn´

Kvinnen hadd int´ nå tittlarn´
på den tin´
Dä va fruntimra
eller käringa,
å sä fin-fruen förstås.

STREJK ELLER EJ

Att strejka eller inte,
det var frågan för far
och dom andra på fabriken
i fornstora dar.
Skulle dom strejka
för semesterbidrage,
eller ge upp
sina krav på bolage.
Då kom mor
med ett tvetydigt råd,
som svar.
Jag tror knappast att
han blev nå´ klokare far.
"Ni är väl inte så dum
att ni lämn semesterbidrage.
Men strejka ni
få ni minner".

KVINNORNA

För kvinnorna
de medelålders, stadgade
var anspråken enkla
och nöjena få.
Att klippa ner väven,
ta in täckstolen,
gå till kooperativa,
symöteskaffet,
skvallerstunden vid pumpen,
fristunden på dass...

I MANGELBODEN

Dragmangelns stenfyllda jättelåda
gled långsamt och jämrande fram
över den lakansklädda trärullen.
Fram och tillbaka, drogs mangellådan
med veven av järn.
Det var ett tungt jobb,
oftast kvinnogöra.
Far hörde till dom få män
som tog hand om dragjobbet.
Det ansågs inte karlaktigt
att gå till mangelboden.

Som stärkta, togs lakanen fram
rullades vant och varsamt,
lades försiktigt i klädkorgen
tillsammans med släta örngott,
som skulle få sina band
krusade, framåt kvällen.

BAGARSTUGAN

Bagarstugans dofter var ljuvliga
för en arbetarunges näsborrar.
I trätrågen låg degarna jäsande
som gravida kvinnomagar,
med fingret kunde man
trycka in ett navelsmärke,
som satt kvar en stund...
När bagerskan ville bli av med oss ungar,
rev hon av ett stycke bröd,
ännu mjukt och varmt.
Vi skyndade hem, lyckliga
för att göra en ”smörstut”.

KÖTTAFFÄREN

En brun frustande hästkrake
kom två gånger i veckan
dragande på vår charkuteributik,
lämnade sina doftande visitkort.
Tåligt väntande husmödrar
och femöresrika barn
stod väntande vid sin gård.
Förväntansfulla som inför
ett julskyltfönster.
Äntligen ... luckorna öppnades
och handvarm femöring
kan bytas mot ett stycke korv.

På den tiden fanns fem öre korv...!

MJÖLKKIOSKEN

Femåringsstor och tolvshillingsrik
gick jag ensam på villaskogsvägen.
Emaljerade hinken var trelitersdjup,
och stötte ibland emot vägen.
Så kom jag till "mjölktanten"
neg och sa två.
Två liter jag ville i hinken min få.
Jag såg med beundran när tanten mätte,
hon vände på måttet
och ingenting skvätte.
Jag bar så försiktigt när hemåt jag gick,
men spillde ändå, så att ovett jag fick.
Mjölkskvättsrandiga var bruna ben,
då alldeles särskilt det ena,
när femårsliten, och femöresrik
jag kom hem igen,
och ensammen gått, genom villaskogen.

I BLÅBÄRSSKOGEN

Med hink och korg i näven
på ysterglada ben,
tre töser sprang mot skogen
i sommarsolens sken.
Vi skulle plocka blåbär
och det måste gå fort,
för deg till blåbärskakor
hade mamma redan gjort.
Men skogen kändes mörk och stor
och bären dom var få,
så med bara "bottenskylen"
bestämde vi att hemåt gå.
Det blev en blåbärskaka,
som delades på tre,
och tänk så gott det smakade
för flickorna som plockade.

SUSANDE MINNE

Jag kan höra det ännu
med minnets öra.
Asplövens sus om hösten.
Jag undrar min vän,
kan Du också höra ?
För mig var det rösten
på hösten.
De stela asplövens darrande sus,
med bakgrundsmusik
av vågornas brus.
De darra och skaka
som rädes de för,
att tiden är kommen dö löven dör.
Ljudet liknar för mig ungefär
ljudet vid lyckad konsert,
då ivrigt man viftar
med stela program,
just då, kommer asplövens susningar fram.
Säj, minns även Du, så gör det mig gott,
då kanske min minnesbild Du har förstått.
Jag tror att ett susande minne kan vara,
skönt att ha och bevara.

HÄLLAN

Trippade på stenarna
det gjorde vi så lätt,
rakt ut i havet
till hällan.
Där satt vi och drömde
omsluten av havet,
rädd var man inte
nej, sällan !
På redden låg fartyg
från skilda nationer,
där hördes "Pulpens"
välkända toner,
och alla fiskmåsars
gälla skri,
när någon fiskebåt
drog förbi.
Skön, är min minnesbilds
havssymfoni.

Pulpen = en bogserbåt

FÖRÄNDRINGEN
= LANDHÖJNINGEN

Så for jag förra sommarn´
att barndomsminnet,se,
men "Hällan" låg då nära lann
ja, alldeles breve.
Och stenarna vi trippat på
igenom havets brus,
var själva nu en del av strann´
bland sand och skräp och grus.
Jag stod där stum och häpen,
besviken var jag och,
å ska jag vara ärlig
var utsikten rent nååk.

Nååk = ful

HAVET TOG

Havet tog min docka
svalde den med hull och hår,
jag kunde inte hålla den
för stormen var för svår.
Jag grät över den
och över mamma
som skickat mig ut i en båt.
Ut i en roddbåt
i mörkret, sagt stanna,
med skälvande röst, som i gråt.
Jag tänkte, hon vill inte ha mig
som skickar iväg mig så här.
Så småningom stannade båten
och vi gick iland på ett skär.
Där mötte vi grannarnas flickor
som hade sin stuga där,
dom hade bäddat en säng åt mig
ett tag skulle vi vara där.
Då grät jag av rädsla för mörkret,
för hunden och sveket av mor.
Att hon mej ville skydda från kriget
fick jag veta först sen jag blivit stor.

Jag hörde en kväll en melodi
som jag inte hört på länge.
De var ej så välstämda toner däri
det som lät bakom fönstrets hänge.
Men jag stod och njöt, av dess dissharmoni
och jag kände mig glad inuti.
Det där instrumentet även jag trakterat
och säkert många, med det irriterat.
Det spelats av bröder och systrar förut,
det känns riktigt skönt att det ej tagit slut.
Fiolen en tråd, en bit harts är stråken
det spelar man på, gömd bakom kåken.
Nog låter det illa så det räcker till,
men ändå så gärna jag höra det vill.
Jag ropar ut i mörkret, Ni får gärna spela
jag gillar höra tonen, från min barndoms fela.
Men ingen mer vill spela på minnets melodi,
jag hör hur någon viskar, kom så sticker vi.
Hon kan ju inte vara klok,
hon blir ju rent av glad,
hon tror nog att vi spelar en kärleksserenad.
Vi går till någon annan
nån som blir riktigt grön
och jag står där ensam
nog är otack världens lön.

RÄDD FÖR SIGNALEN

När det börjar skramla
i ankarkättingen,
från ångaren på redden.
Då sprang jag hemåt
så fort jag hann,
med händerna hårt för öronen.
Nu skulle båten snart
ge sin avgångssignal,
jag sprang som i panik därifrån
mej ångest signalen gav.
Kanske var det sviter
som småbarn gärna får,
av mistlurtjut och flyglarm
från gångna krigstidsår.

G I K
(Gatans Idrottsklubb)

Vi spelade teater
i vedbodar och skjul,
vi sjöng våra visor
vår, sommar, höst och jul.
Vi sålde saft och bullar
när vi bjöd in till fest.
Om Pippa (vi mena EPA)
uti Stockholm
vi hade gjort en sketch.
Då fick vi applåder,
då skrattade dom mest.
Och Ulla deklamerade
med röst högtidligt stor,
i ljusblå underklänning
hon fått utav sin mor.
En dikt kanhända lite vriden,
men i tiden.

Dikt:
En rolig historia
om moster Cikoria,
som aldrig sa stopp
när ungdomens hopp
var kaffe med dopp.

KYRKAN

Vi gick den långa vägen
till kyrkan jag och mor,
hon kunde inte cykla
och jag var ej så stor.
Far cyklade i förväg
så han var redan där,
när mor och jag var framme
och klocklangen oss bär.

Kyrkorummet fyllde mej
med andakt.
Vilka färger, vilket ljus!
Fönstrens målningar
fick liv,
av sol och skuggor
i Guds hus.
Jag undrade..
hur stor är Gud ??
Det undrar jag nog än
men nu som då,
jag vet så visst
han är de svagas vän.

MYRORNA

Tusen myror kröp i mina ben
där dom hängde över bänkkanten,
ner mot det nötta bönhusgolvet.
Pappa hade sagt, innan vi gick
att nu fick jag faktiskt
sitta still med benen
annars blev det stryk.
Och jag försökte verkligen,
men nej, myrorn vann...
Det var samma sak varje gång.
Jag försökte sparkande
bli av med irritationen,
det riktigt kröp inunder
dom hemstickade strumporna.
Och väl hemkommen
blev det smörj på rumporna.
Som utlovats...

SÖNDAGSSKOLAN

Vi sjöng, ett litet fattigt barn
och Lilla Svarta Sara,
och varje gång till Afrika
en slant vi skulle spara.
Och negerdockan bockade
så mycket och så glatt,
om hon fick en femöring
det var så konstigt att
då bockade hon mycke,
så mycke som det gick.
Men bocka mycket mindre
om hon tio öre fick.
Hon kan inte räkna
var slutsatsen vi drog
och efter denna upptäckt
fick femöre vara nog.

NORRBYSTRAND
(OM MORGONEN)

Tidigt vaknar sommarljuden,
fiskmåsflockens jubelskri,
fiskebåtar styr mot hamnen,
nu är vilans tid förbi.
Nu ska strömmingsskötar tömmas,
silverfisk i morgonljus.
Fiskelyckan ska bedömas,
kvinnor kommer från vart hus.
Samling så vid salteriet
här ska rensas, rent och fort,
flinka händer, river sliter,
som om dom ej annat gjort.
Här ska fyllas kar och tunnor,
saltströmming ska detta bli,
där vi står i strömmingskladdet
vad det blir vi struntar i.
När så sista fisken rensats,
borttvättas vart strömmingsfjäll,
när alla strömmingslådor länsats
man undrar hur fisket
ska gå i kväll ??

NORRBYSTRAND
(OM AFTONEN)

Fiskebåtars trygga knatter
hör till sommarkvällens ljud,
styr mot solnedgångens himmel
skönt bemålad utav Gud.
Kvar på bryggan där vid stranden,
står som oftast fru och barn,
vinkande farväl med handen
men ut mot havet tittar karln.
Han planerar strategien,
för att havets silver ta.
Nu när dagen möts av natten,
börjar han sin arbetsda´.

Många tankar, många böner
fiskarhustrurna har bett,
när deras män och deras söner
ut mot havet sej begett.

NORRBYSKÄR

Norrbyskär har fått liv igen
efter en "nära döden tid",
lever väl mest om sommaren
men rör sig även vintertid.
Jag minns en tid, en sorglig tid
då allting verkade förbi,
när allt i sanden runnit ut
mer dött, det kunde inte bli.
Såg, båthus och bryggor
sjunka i havet,
pråmar och såghus murknade låg.
Fastän man ville hoppas så gärna,
ingen spirande ny Kempe-tid man såg.

Vi tog kort av undergången,
sorgen rörde våra bröst,
men det var ej svanesången
"skäret" lever, vilken tröst !

NORRBYSKÄR (forts.)

Nu har du blivit
turistattraktion,
med guidade turer
av påläst ciceron.
Med tåg kan man åka
runt ön för att se,
hur ett samhälle föds
av en stor mans ide´.
I miniatyr
nu alltsammans finns
på öns museum,
man ser och man minns.
Och nu finns här ungar
som ställer tll bus,
i Norrbyskärs
återupprättade hus.
Här kan man lära
hur Vikingar levde,
för det är ju viktigt
med ”rötter”, de är de.
Ja, än lever livet
på Norrbyskär
och en bit svensk kultur
Ni bjuder oss här.

LIVSELIXIR

Vatten...
vårt livselixir
det viktigaste
och mest omistbara
för människan.
Något vi skapats ur
i och till.
Fostervattnet,
kroppsvätskan,
havet och kallkällan
finns inom oss.
Smaken av begynnelsen
ligger alltid kvar,
förstärks ju längre
bort man far.
Följer oss genom livet
som en bitterljuv aning.

LIVSTYCKE

Mins Du livstycke
me´ strumpbanna,
å långstrumpen
å bärranna
mellan strumpen
å byxbena,
å stickestrumpen
som klidd på bena ?

JÄNT - VÄNT

Å livstycksknappa
dom skull va´ framvänt
om dom skull annvännes
av en jänt,
ve´ strumpebanna
som höll opp strumpen,
som jänten hadd
rakt mot skinne jämt.

POJK - VÄNT

Men om livstycke skull va pojkvänt
då skull man
knäppninga bakåt ha.
För pojka kunn väl
int ens knäpp knappa
så för dem gick hä´
lika bra.
Sen satt kalsongen
där utanpå
och för att strumpbanna
man skull nå
till strumpens knappa
där utanpå,
så klippt man hål
i pojkkalsongen,
 och ordna således gennomgången.
Så pojka slapp
strumpen dom mot skinne.
Lik bra...
dom skull väl int ens
tål vine´.

YLLESTRUMPEN

Hemsticke strumpen
va´ rejäl,
vass å outslitli,
känntes e´ som.
Enda möjligheten
å slipp dem e tag
va om man kunn
väx så fort
att nystrumpen
ba va halvvägs
där i sticksömmen,
när gammstrumpen
va urvuxe.
Men så fort ,
växt ja allri...

VANTA

Men hemsticke vanta
å hemsticke socka
dom va ändå bäst
på nå vis.
Dä fanns ingen omsorg
som värmt lite extra
i köpese´ vanta´s pris.

HADD DU?

Hadd Du ludden
å skipjäxe´n,
jämt för stor
köpt i växt´n ?

Åkt Du sprkstötting´a
å trä skie´n,
me ba´ a fotögla
på den ti´en?
Skotta ni isbanan själv
å spänd fast skridskon
kring tåná å vrist´n?

Fick ni kråkhakka
å nageltjäll´n,
å snortjickren
tvätte bort om kväll´n ?

MAJBRASA

Hele vårn,
slet vi å drog rise
till majbrasa våran.
Brä´en från gammbåta,
å flytven från strändren.
Ja, allt vi kunne hitt
to´ vi hann om.
Män "tyskljusa" spara vi
ti lekstuguspis´n.
Torkese julgranen
fann vi bak herrskapshusa,
andren hadd elde opp dem
i vespis´n sin.
Gammsoffen å sånt denne
kun vi få ditlämne,
å nån som tänkt göra sä
å ve na skräp, bårti vebovinn.
Vi skull lägg na skräp å skyl över
sä int dä syntes sä väl.
I blann fick vi na
gamm tjärtunnen,
å då varte fyr däri brasa.

...

...

Ja, oppstäda vart´ ä
gratis å franko,
å rolit hadd vi
men vi ävlese å droo.
Int visst vi "Gatonga"
om na städpatrulla,
å traktor frakta
å töckedär.
Men hög vart brasa
å bra bran´na,
å fort försvan´na.
Men vi sto där i röken
å hoste å sjöng
Sköna Maj Välkommen, å så
Vintern ra...
Sen gick vi hem
ve brannlukta te kle´a
å röksveda te öga.
Å kännd, att hänn´e hadd
vi gjort bra.

SKOL - MINNA

Nån, sprang runt skola, å ringt ve klocka.
Vi sprang å "ställd upp", skull nig å bocka.
Vi gick på lee´ in ti bänken våran
likadant varje måran.

Så måron psalma å måron böna,
den som va snäll, kunn fröken löna.
Man kunn få spring na ären åt´ a
om man int bråkt, å smälld ve låcka.

Dä va mång psalmversa, man skull lära,
å mång läxböcker man skull bära.
På svarta tavlan, va hämst å skriv,
när dä ringt ut, jo då vart hä liv.

Så blev ä´ matrast. I matpaketa
va spisbrö segt, å svårt att äta.
Ljum va mjölka, ur strumpklädd flaska,
sen skull vi sop efter oss på rasta.
Vi va vår egen städpatrull,
å int klaga vi för den skull.

...

...

Minns räkneboka, med röa bocka,
att läsa högläsning, ingen locka.
Vi rabbla floder å berg å städer,
och plugga årtal, på gamla fäder.

Vi hadd ett bläckhorn i bläckhornshåle,
te skriv me bläckpenna va ja dåli.
Dä ville jämt bli för mycke bläck,
med stålstiftspenna blev lätt en fläck.

När pojka busa, då vart dem luggä,
int brydd dä dom int, ett enda dugg, nä.
Dom styrd runt bänka, liksom en spark
å fröken grint, hon va' int sä stark.

Då kalle pojka, hon för "tjuta"
men dom blev spakare strax, å sluta.
Då hon slog pekpinn sin, i katedern,
så återvann åter fröken hedern.
Så fick vi läxa, å dan var slut,
befriade sprang en onghop ut.

SKOL - LESS

När man vakna
om mårron,
me "fårgråt´n "
te öga,
se man ba´ kunn
si ve en glip.
No ville man
sno sä,
mot John Pärs (=väggen)
i sänga.
Å tre kilometers
skolvägen slipp.

LÅVA

Skurlåve hadd vi, en gång om åre.
Då skull skola skures i varenda vrå.
Dä lukte så gott ut´å vatt´ne å såpa,
när efter nån da´ vi i skola fick gå.

Och fettisdagslåve, dä fanns ju då,
där hadd man en chans att en ledi da´ få.
Då fick man pack ryggsäcken,
sätt på sä skid´en
och fara tvärs över isen
ut i solljuse å friden.
Sitt på en stock å drick varm chokla
å bara va ledi´ en hel vinterda.

Pärlåve hadd vi, strax skola hadd börje.
Då´ fick vi e´ pärgräv å jobba å gräft.
Nu luktä´nä minner, än nära vi satt pärän
då dasslukta, lukte som värst.

Bärlåve hadd vi i höstdagar kalla,
när skog´n var fulll av sitt rödaste gull.
Då gällde å plock mjölkhämtarn full
för självkänslan sin, å förtjänstas skull.

BÄRA

Åkerbär
Minns Du ljuvli smak´n
å himmelsdofta
tå åkerbära,
däri bott´na skyla
på emaljeremugg´n.

Smultron
Lär Du bånbåna dine
let åt gobära,
där i långgräsä ?
För å få sä
en rikti munfull
å sommarsmak´n
som bara smultronbära kan ge.

Blåbär
Aldri va´ väl blåbära
sä blåbärsblå,
å sä blåans go, som då...
man hadd nappe
ti först muggen sin, å sä
fick man däm, ti kallmjölka slå,
å strö på sockre, å äta...

...

...

Hallon
Brannbära minns ja´
dom lukte så härlit, men dcm krylle
å vitmaska´ jämt.
Sticki va buska
å brännnässla bräntes
å när dom va ränse
va skörd´n ett skämt.

Skomakarbär
som va liksom putse,
dom blänkt däri sola
som nyputse skon.
Vi blev alldri riktigt
klok uppå sort´n.
när vi satt där
å smaka däm, på vebobron.

Vinbär
åt man
när man lekt kurragömma,
då gömmställe digne å`bär.
Där satt man så välgömd
så man fick tjufre sä
för man mådd int väl.

SKYMNING

Vi firade skymning
när jag var barn,
sparade på strömmen.
Åt våran kvällsgröt
i skymningen
med skogens röda guld
och egen odlad sallad,
vår krigstidssmörgåsmat.

Vi talade med låga röster
om dagens händelser.
Tunnbrödssmörgåsen åts
nästan med andakt.
Salladssmörgåssmaken
kan jag ännu känna
i min tunga.
Den ger en behaglig
känsla av ro.

Vi firade skymning
när jag var barn,
sparade på strömmen.
Satt en stund sysslolösa

...

...

som Maria vid Jesu fötter,
lät stillheten nå oss...
Välkomnade aftonen
som långsamt fyllde rummet.
Talade med låga röster,
i den sköra skymningen.

Drog oss i det längsta
att vrida på knappen
till Luma 20 watt
i skomakarlampan.

RANSONERING

Dä va ett besmi
me all kuponga,
man bytt o man tjytt
å sto i.
Behövd man int snus´n
eller kardu´n
så kunn dä ju räddninga bli,
att få sä en äxtra kafferanson,
så man hadd när främmen sto
´dära bron.
Så slapp man ju skammen
å bju surrogate,
om än dä blev ralle å
till kärringprate.

KAFFEROSTNING

Den fräna doften spred sig i lägenheten,
fönstren öppnades och sände ut
berättande doftvågor, som drog...
som flugor dras till socker.
Råkaffet rostades i järnspisens ugn.
I bland var det ärtor eller maskrosrot.
Något måste man ju ha
att fyll den välsignade pannan med.
Doskafrank och Mabo, dög inte
surrogat, usch !!

Malningen, nästan en ritual.
Kvarnen mellan kvinnoknän
drogs rytmiskt, rofyllt, doften frän.
Så i pannan, mera ved,
krokig spiskrok rör om
i den falnande glöden.

Så fram med husets kaffekoppar,
runt om bordet kvinnokroppar.
Många tungors band, skulle lösas
tack vara det...

GUNGSTOLEN

Amerika gungstolen
stod så förnäm i kammar´n
fick inte användas
av oss barn,
för att undvika klämda
fingrar och tår,
men mest för att plyschen
inte skulle nötas.
Den var verkligen vacker
med sitt fansifulla mönster.

Med tiden förpassades den
ut till vedboden,
varifrån den plötsligt försvann
till en herre i stan,
för femton kronor.

SÖNDAG

Sekalet, gick söndagsförmiddagen,
segade sig fram, mot kyrkkaffetid.
Uppklädda, tysta skulle vi barn sitta
i rumssoffan under högmässan.
Otåligheten kröp,
som tusen maskar i benen,
under de nytvättade yllestrumporna.
Mina tankar gick längs tapetens
slingrande mönsterrankor,
fjärran från mässande radiopräst.
Återkom skamsna till nuet
vid den avslutande klockklangen.

Sekalet=långsamt

RÄDSLOR

Det fanns så mycke rädslor,
det fanns så mycke skrömt.
Det som i dag är sagor,
ja, kanske rent av glömt.
De var Källargubben
och de var Vittermor,
som fanns där uti skogen
med sina vitterkor.
Om vittertagna barn
berättades i blann
och vi i syskonbädden
kröp närmare varann.
Så var det "Hesa Fredrik"
mistlurs tjut och flygmaskin
och Hitlers skrik i radion
bak mörkläggningsgardin.
Och man var rädd för bränder
för luffare och stryk
och aldrig fick man röra om
i vuxenlivets byk.

SVARTA FÅGLAR

En sommardag i sköna Juli
i början av vårt 40-tal,
Värmen strök över sommarängen
och solen doppade sin näsa
i Bottenvikens vatten.
Simskoledag, vi kom upp från ett bad.
Då... med starkare och starkare ljud
förebådande sin ankomst, kom
dessa barndomens svarta fåglar.
Förskräkta slängde vi oss i gräset
under några träd,
kriget, kriget var vår enda tanke.
Flygplanen kom lågt
dundrande över oss,
vi kunde se hakkorsen.
Någon grät, någon bad.
Gode Gud, låt oss slippa kriget.
Ljudet avtog, domnade bort
försvann över havet.
Bort mot vårt grannland
där säkert andra barn bad,
Gud låt oss slippa...
Å dessa barndomens svarta fåglar
som förmörkade våra sommardagar,
måtte de aldrig återkomma.

De var på den tiden som "hillkorna" kom,
skylde våra hjässor, på danskornas vis.
Luftvärnslottorna, vår tids hjältinnor,
ideal att efterlikna.
Schalar till hillkor vi ordnade lätt
och lärde oss snart att kyta dom rätt.
Men båtmössor som till uniformen dom bar
blev ett större problem,
men man tar vad man har.
Vi tog hemvirkade dambindor,
på dockorna och oss, så gick vi ut
och tycktes vara tjusiga förståss.
Samma form, stora nog, dom fick duga,
men mamma tog mej fort
ur denna modefluga.
Varför var mej då en gåta,
som fick mej av förtrytelse att gråta.

ORIGINALEN

Luffaren, Skinnpirken kallad
skrämde oss barn,
doftande hårpomada
var orakad och smutsig,
gick på ostadiga ben,
fick något mål mat här,
och lite pengar där.
Brukade räkna dagskassan
på huggkubben
bakom vedskjulet.
Vi barn stod bakom knuten
och kikade.

Han med träbenet
utnyttjade trappuppgångens
fina akustik.
Vi barn var livrädda för honom,
han förföljde oss stampande
utför trapporna, ut på grusvägen.
Kanske bara på lek...

KRIGSTID

På flykt över mörka vatten
i skrangliga båtar, kom flytingarna
tunnt klädda, hungriga, gråtande.
Vissa tomhänta, andra hade stora bylten,
i en båt fanns en symaskin.
En kvinna stod med en pigtittare i famnen.
Kanske hennes enda ägodel.
Vi barn tittade nyfiket och häpna
på dessa människor, med konstigt språk,
annorlunda röster och utseénden
som allt oftare la till vid våra bryggor.
Men snart letade vi tyskljus igen
nere vid stranden.
Tyskljusen var säkra och bra,
liknade våra dagars lyktljus,
men var vida som en kaffekopp.
Ljusen flöt i land
från torpederade båtar.
Dom hade vi att värma pannorna med
på leksaksspisen.
Kan ännu i dag känna doften
av lekstugestekt korv
och segkokta makaroner.

KNAPPEN

Jag minns den gulgröna knappen
som ögat på en elak katt.
Vi bar den för att synas i mörkret
då ytterbelysningen var släkt
och mörkläggningspappen
täckte våra fönster.
Gulgröna knappar sågs,
möttes, skildes
utan att förråda sin bärare.
Asplövens darrande ljud
förvärrade mörkret.

KRIGSTIDSFRUKT

Bananer, bananer !!!
Man får köpa tre.
Med djungeltelegrafen spreds ryktet.
Ysterglada ben
sprang till affären.
Många barn i kön
i otålig väntan.
Så äntligen...
var man ägare till den åtråvärda
f r u k t e n .
Gula, hade man hört
att bananer skulle vara.
Vad var nu detta ?
Tre gröna, böjda frukter
svåra att skala,
hårda som råpotatis.
Smakade inget.
Var detta bananer ??
Vilken besvikelse...

SENSATION

Tuggummi, en sensation
för ett krigstidsbarn att få,
aldrig något dyligt
man förut råkat på.
Man fyllde hela munnen
och drog det in och ut,
hur mycket man än tugga
tog det aldrig slut.
Man blåste ut och gapade
och gjorde en ballong,
i bland så sprack den nästan
på en enda gång.
Den fastnade på näsan,
på kinder och i hår.
Men att det var en sensation,
jag minns det som i går.

SKOLVÄGEN

Vi drog upp våran halsduk vid syraviken,
det luktade fränt och starkt från fabriken.
Ögonfransar och hår blev vita av is
för kylan och syran blev till fuktigt dis.
Vi hostade och kraxade
och ögonen rann
där vi barn sprang på "tuben" efter varann.

Vi gick i skolan utan protest
visste ju att vi skulle,
funderade ej om vi hade lust
eller om vi inte ville.
Visste inget om skolskjuts
eller demokrati
i regn och i rusk
så traskade vi.
I bland fick vi åka
med ingenjörns´ barna,
men bara i bland
det fick inte bli nån vana.

Tuben=överbyggd färskvattenkulvert

VÅR SKOLBESPISNING

Vi fick sitta i murrig skolkorridor
bland ytterkläder och våta skor.
En långbänk, smal, fick vi trängas på,
den som inte rymdes, den fick stå.
Så var slolmatsalen då.

Vi åt matsäckssega smörgåsar
och drack halvljummen mjölk
ur vår tidningsomlindade flaska.
Medan vi sentuggande ännu åt,
så sa städvakten, förlåt
men nu vill jag börja sopa.
Det var skollunchen då
men kan nån förstå,
vi var nöjdare då.

LÄKARUNDERSÖKNING

Jag skrubbades och tvättades
ja, mödan den var stor,
jag var alldeles för solbränd
på ryggen , tyckte mor.
Så här dan före doktorsundersökningen
på vår skola,
då skulle solbrännan tvättas bort
som hela sommarn´ brännts dit
utav sola.
När doktorn såg min "negerrygg"
blev hans förvåning stor,
sa, är du smutsig eller brun barn?
Då tänkte jag på mor,
 men ville inte skryta,
ville vara diplomat,
sa, det är nog lite utav varje
som samlats sig där bak.
Nu hörde det till saken
att mamma var en tant,
vars pedanteri var ganska välbekant.
Hos syster och hos fröken
blev munterheten stor
och jag min lilla stackare,
fick bannor utav mor.

EXAMEN

Aftonen före dagen E
gick vi till kabelekastället,
plockade fångvis med gula solar
att pryda vårt klassrum med.

Om morgonen, rych- och pyschklädda
kortstrumpsfrusna
med fjärilar i magen
gick vi att möta dagen.

Släkten upprade längst bak,
ängsliga, dom som vi.
Frågor och svar...
Skälvande barnaröster
gör sitt bästa.
Så ... Den blomstertid...
Vilken befrielse !!!

KRIGSTIDSMAT

Vi hadd en "kaninfarm" på våran gård,
som en länga å radhus, kaninbura´n låg.
Uppstäld på påla, som på långa ben,
för att kaninen skull håll sä ren.
Vi barn plocke löve å maskrosbla´a,
särskilt åt maskrosen, va kaninunga gla´a.
Dom va så gulli, så mjul å len,
ja´ vart så förtjust, särskilt i en...
Päls´n va grå, och lyst som silvre,
han va sä piggögd å fin.
Farbrorn som rådd om däm, till o me lova
att jag fick kall´n för min.
Så skull vi få skinne, å mat å´n sen
men då sa ja nej, vill´d int äta en vän.

Men ska ja´ va ärli, ve muffen ja´ fick,
va ja´ högfärdit ofta ute å gick.

KRIGSTIDSBUSS

Gengasbuss´n
va en svag å uschel sak,
no gick´ än utför backen
men uppför blev än´ spak.
Då fick chaufförn gå ut
å fyll i mer kol,
i gengasaggregatets
stora glupska hål.
Dä hängd där baki buss´n,
som stånka på å gick,
så länge som dä´n nya kol
i gengaspannan fick.
Å svart av sot va buss´n
å soti va chaufförn,
å alla gånger vare
nog int sä lätt å kör´n.

ÅTERBRUK

Vi samla på "lumpen"
dä va gammelkläa,
som sedan till ny filta
skull kunna bli.
Vi samla kapsyl´a
å på silverpappre,
ja, till stora bolla
så samla vi.
Vi gick till affär´n
å vägd dem iblann,
ja´ vet int till va´
bara att dom försvann.
Vi samle på ljusa,
å gamm gummiskon,
dä kunn bli till stövlen
på nytt visste mor.

Nu på tjuguhundratalet
säger karl´n min, surt
tittar i garderober och skåp,
än är int krigstiden slut.

SKI - TÄVLINGA

Ja, skull no ha vunne
skolskidtävlinga
om ja hadd nå anne
å vall me än ljusa.
Ja träna å åkt
så mycke ja kunne,
på spåre som gick
kringom husa.
Snön låg där vit
å hä gnälld under pjäxen,
när jag for ut en bit,
sen ja´ hadd läst läxen.
På skidtävlingsdagen
va blia svår,
men ljusvalle skien
på blia går.
Så ja´ gnugge på
så mycke ja´ kunne,
om ja´ hadd starkare arma
sä hadd ja´ no vunne.

KUNG BORE

Kung Bore han byggde
fantastiska slott,
nere vid stranden hos oss.
Stenar och hällar
tillsammans han band
med sin iskalla hand.
Bland snöhöljda hällar
i tunnlar vi kröp.
Isen den råma
och kölden den nöp.
Tinnar och torn
och istappsrader,
lyste i solen
som ljuskaskader.
Kung Bore han byggde
fantastiska slott
nere vid stranden hos oss.

HERRSKAPSFASONER

Jag åt gärna lunchen
med "herrskapsbarna"
och genomled proceduren
med fiskleverolja i lingonsylt
och att inte få dricka till maten.
Bara för att
uppleva lyckan,
att få kinderna insmorda
med Niveacreme
innan vi åter gick ut i kylan.
Vilken härlig känsla
av lyx!

AVUNDSJUKA

Jag minns, att jag avundades
"herrskapsjäntan"
blixtlåset i hennes klänning.
När hon hoppade hage
eller hoppade rep,
hoppade kulraden med
som på lek.
Tänk... att bara kunna ta...
i kulraden och dra,
vilken utmaning
för ett tryckknappsbarn.

INT ENS MÄSSLINGEN

När mässlingen kom
som en epidemi,
då tänkt ja´,
nu få ja´snart
skolledi bli.
För dem som int haft´n,
fick mässlingen dem,
å skolsal´n våran
blev mer o mer tom.
Men da´ efter da´´
ja´ gick där å vänte,
å i ryggsäcken min
bara bokhögen ränte.
Utå alla hemläxböckren
som ja´ fick,
och sedan ja´ runt me
till mässlingbarna gick.
Där låg dom å pöst
bakom svart rullgardina,
medan ja´ trava runt
me läxböckren mina.
Sen kom dom tebaks
eftersom en å en,
å ja´kund då int ens
få mässlingen.

STORKEN

”Fälen” utå Storken
jag såg i snön
på grannens tak
en tidig vintermår´ån.
Nu hadd no bäbin komme
som min kompis mamma
skull till å få.
Va bra,
va ja blev gla´ !
Hur vi en bäbi skull få
börje ja´ funder på.
När barnmorska me väska
ja´ såg där utanför,
då sprang ja´ dit å fråga
hur man beställning gör ?
Då, får du fråga mor,
hon måste få bestämma,
då var nog chansen inte stor,
mor bruka alltid stänga spjället,
särskilt noga om kvälla.

BARNBIO

Minns du känslan man hadd
när man sto baki dörra,
minns du trängseln
vid barnbio start.
Minns du ängslan, som hoppe
å kvillre te magan,
för vad som skull utspelas snart.
Ja´ minns du hur vi grint
för Pinockiodocka,
som hamne i valfiskens buk.
Ja´ grint fastän filmen
redan va´ över,
å fastän dä´n hadd
fått ett lyckligt slut.
Sen gick ja´ int gärna
på bio igen,
ja´ vild int betala
för å få grin.
Fick biopänninga
som ja´ sen spara,
tänkt ja skull köp mä´
en stor-docka fin.

INNANFÖNSTRA

När björklöva gulne
å asplöva skallre,
i höstvinn, som nu
fått en mörkare ton.
Då vare dags
å sätt in innanfönstra.
Far bar dom från vebon,
å ställ dem på bron.
Mamma hon torke
sä´ noga all fönstra,
å jag fick lägg måsan
på köksfönsterpost´n
att skydda mot kylan,
mot frost´n, å blåst´n.
Sen pynte vi måsan
me små eternellen,
å fick innanfönstra
på plats, framåt kväll´n.
Då skull fönsterremsen
sen klistres på glipa
som vart mellan fönstra,
där kunn dä sen pipa
å tjuta ordentligt

...

när höstvinn´ tog i,
men skyddad mot drage
i stugan satt vi.

FÖRE LUCIATÅGET

Det hörs ett sorl av röster, utifrån stora salen.
Här bakom övas sånger och här förbättras talen.
Men snart skall lampan släckas, och tyst bli i salongen
när ljusets brud med tärnor, skall vandra uppför gången
Men än så övar någon sig på Luciasången,
jag tror jag blir tokig, för femtielfte gången.

   Natten går tunga fjät, säj vad betyder fjät ?
   Runt gård och stuva, ska det heta stuva ?
   Ja tänk, för att det skall rimma på ruva.
   Kring jord som soln´ förlät, heter det förlät?
   Eller ska det vara förgät ?
   kuggorna ruva, ruva ?? Det hörs ju inte klokt !

Hyss, nu är det snart dags, ställ upp er på led.
Är vi inte klara strax ? Nej, kronan är på sned.
Nån trampar mej på tårna, ja Anna knuffar mej.
Stå inte så hemskt nära, jag kan ju bränna dej !
Säj, ska det heta stuva, finns ingen här som vet ?
Usch, vad jag börjar gruva, känn här vad jag är het.
Jag tror då minst jag svimmar, om längre jag får stå
Fy, ungar vad Ni stimmar, ställ upp Er två och två.

...

...

Men nu så öppnas dörren, Luciatåget går,
så vacker är Lucia, med långt och rågblont hår.
Och ingen bland publiken, kan ana spänningen,
i varje tärnehjärta, bak Luciaklänningen.
När stilla de framskrider till samma gamla sång
som mamma sjöng
när hon också tärna var en gång.
Natten går tunga fjät, runt gård och stuva,
och sist i tåget skymtar man tomtens röda luva.

I VÄNTAN PÅ JUL

Ryche å pysche,
å röpappersklädd,
sto´ blomkruken
på fönsterbänken.
Putse å torke
va spegeln å skänken.
Krite va kakle
å svärte va spis´n.
Kalvsylta koke
å skinka tå gris´n.
Pynte va grana
å båna vi vänte,
ti´n sto som still
den ingenting ränte.
I magan dä kvillre
tå spänning å glädje,
no ä väntan på jula
nå särskilt, dä ä dä.

SNART JUL

Julförberedelse tid, härliga tid
knarrande köttkvarnar, spisringsslammer,
skinkor, syltor, korvar på rad.
Knäcken som kokas, provas i snö,
segtuggad och ljuvlig i smaken.
Spisen svärtas, muren kritas,
spiskroken putsas med Röda Björn,
reservoaren med kran, guldglänsande.
Kreppappersklädda pösande blomkrukor,
framför mossfyllt innanfönster.
Nyfernissat köksgolv,
kammargolvet bonat
och torrputsat många gånger.
Möblerna i rummet, står tomma
i väntan på julen.
Prydnadssakerna ligger i en
handduksöverlagd korg.
Julgranslådan intagen,
hemlighetsfullt doftande
av föregående julars fröjder.
Dragspelssängen intagen,
julgranen vid bron,
snart dags...
Välkommen du härliga juletid !!

STJÄRNGOSSAR

Stjärnan och stjärngossar
Judas så svart,
kom jämt på besök
framåt trettondagsnatt.
Sjungande gossar
som hade svärd,
kom skrämmande in
i vår lilla värld.
Judas gick runt
tiggde pengar i pungen,
dom sjöng om Herodes
som ville åt ungen.
Jag satt där i rädsla
med kramp i magen,
jag avskydde alltid
som barn, den dagen.

TJUGONDAG KNUT

Bergets ungar gick till strid, mot Gatans barn.
beväpnade till tänderna med glåpord och med garn.

Men enad, som en de stod om Ågerns ungar kom,
dök brukets dromedarer upp, så var det synd om dom

Men en gång om året, då slöto alla fred,
i samlad trupp då alla dessa ungar skred.

Beväpnade med klubbor, i alla dimensioner,
den oinvigde kunde tro, de var invasion här.

Det var dessa ungars sätt, att fira julen ut,
man bultade på stugans bro och stugans knut.

Man skrek i högan sky, när jul ur stugan gick,
och bultandet av klubbor, dess steg markera fick.

Nog gick nån bro väl sönder, en dörr nån skråma fick,
men detta hörde också till, när "jula-uten" gick.

P.S.
När jag fick min första klubba
var varken jag eller den, särskilt stor.
Är de det här som kallas kvinnoklubben, ?

frågade jag mor.

SPISVÄRME

Kalla barnafötter
värmdes om kvällen,
framför vedspisens
nedfällda lucka.
Där fick man
lägga sina fötter
för stickande upptining
till liv igen.
Yllestrumporna
på tork ovanför,
släppte sina
snökokkor
fräsande ner på de
heta spisringarna.

Minnet värmer än...
fast det var länge sen.

KVÄLLSRO

I järnspisen sprakade veden
länge om kvällen, värmande vattnet
i reservoaren med kran.
När elden falnat,
stängdes spjället för Storken.

Kökssoffan bäddades skafötters,
kalla fötter stal värme från varma.
Imperialsängens fjädermadrass
gnällde svagt under kroppars tyngd.
På sängkanten hängde strumporna
nära till
att skydd mot morgonkallt golv.

FÖRÄNDRINGSTID

Vi som gått
från emaljerade pottornas
och torrdassens tid,
till tystspolande klosetters
och bideérnas tid.
Pösmagade och förstoppade
har vi många blivit.

Vi som gått från velocipedernas
och apostlahästarnas rofyllda tid,
till reaplanes och raketernas tid.
Vilsna, förvirrade, fotfästeslösa
har vi många blivit.

Vi som gått från kammarn´
och radiostartens fantastiska tid
till TV, kabel och videovåldstid.
Vi sitta nu stirrande,
eller går vilset irrande.

...

...

Vi som gått från fotogenens
och Luma 20 watts tid,
till kärnkraftverkens
och neutronbombers tid.
Apatiska, känslolösa
har vi många blivit,
för att orka med livet.
Stoppa världen !!! Vi hinner inte med...

REGISTER

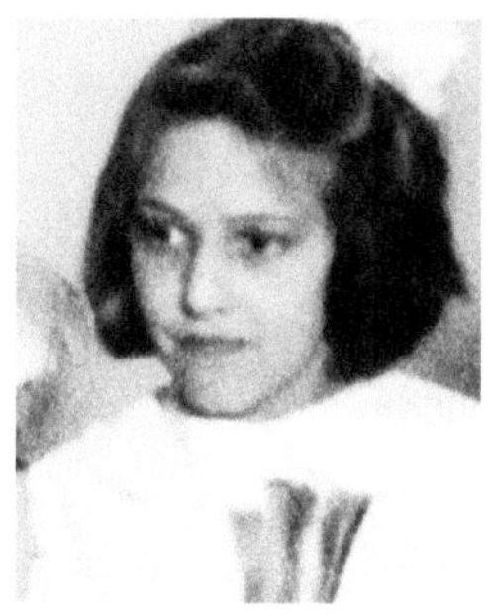

Sonja, 12 år